OLGA ORANGE UND FREUNDE

Kochen mit Humor

Olaf- der Flipper

Joey Kelly

Jürgen Drews

G.G. Anderson

„Keine Liebe ist aufrichtiger

als die Liebe zum Essen.“

Hallo Freunde des guten Geschmacks und Humors!

Ich freue mich, dass ihr euch für dieses Kochbuch entschieden habt.

In der siebten Ausgabe findet ihr wieder tolle Rezepte zum nachkochen. Ich habe mit vielen Freunden und Stars köstliche Gerichte für euch zusammengestellt – Alle unter dem Motto:

„Wer gut kocht, kann auch gut Spenden

Dieses Kochbuch ist natürlich wieder für einen guten Zweck bestimmt. Diesmal für den Verein „ICH", welcher es sich zur Aufgabe gemacht hat, Kinder in Not zu unterstützen. Mit dem Kauf dieses Buches habt ihr das bereits getan.

Wie ihr mir ansehen könnt, habe ich alle Gerichte höchst persönlich getestet und für GUT empfunden.

Ich wünsche euch viel Spaß beim Nachkochen und einen guten Appetit.

Eure Olga und Kollegen

Viel Spaß beim Entdecken und Ausprobieren einheimischer sowie kulinarischer Rezepte!

Eure Olga und Kollegen

Kinderhilfswerk

ICH - Inter-NATIONAL CHILDREN Help e.V.

Nachdem die Gründungsmitglieder sich bereits über Jahrzehnte sozial engagierten, folgte der Entschluss, das Kinderhilfswerk ICH - International children help e.V. zu gründen. Das Kinderhilfswerk **ICH - Inter-NATIONAL CHILDREN Help e.V.** wurde am 29.09.2005 gegründet mit dem Ziel, national und international Kindern in Not durch Sach- und Geldmittel oder persönlich unterstützende Begleitung zu helfen. Unsere Leistungen und Hilfslieferungen werden ständig kontrolliert. Unsere Projektpaten fungieren als Kontrollinstanz.

Die Gründungsmitglieder und die seit der Gründung amtierenden Akteure sind zusammengekommen, weil eine Idee sie verbindet: „Der Mensch steht im Vordergrund“, wobei das Kinderhilfswerk seine Tätigkeit auf die Kinder in Not konzentriert, ohne Ansehen der Person, der Hautfarbe, der Herkunft und der Nationalität. Ein Kind in Not hat keine Zeit, um auf lange Entscheidungswege, die oft gesetzmäßig vorgeschrieben sind, zu warten.

Hier heißt es: Schnell handeln, damit ein Kind nicht ausgegrenzt wird.

Gemeinsam sind wir stark!
Diesen Grundsatz verfolgen wir in allem was wir tun. Wir kooperieren eng mit verschiedenen Hilfswerken und anderen caritativen Einrichtungen zusammen.

Wenn Sie uns unterstützen möchten, oder selbst Hilfe benötigen, dann melden Sie sich bei uns. Wir freuen uns auf Sie!

ICH - Inter-NATIONAL CHILDREN Help e.V.
Martin-Luther-Str. 6 ; Vornhägerstr. 36/38
31655 Stadthagen

Tel: 05721 93742 80
Fax: 05721 93742 88
Mail: info@int-children-help.de
www.int-children-help.de

Auf Augenhöhe - gemeinsam für die Kinder der Welt.

Auf Augenhöhe, das ist unser Motto, so leben wir und nutzen all unsere Gedanken, um unseren Schützlingen ein etwas schöneres Leben zu bereiten.

Indem Sie, liebe Erwerber / Leser dieses besonderen Kochbuchs, über Ihr Engagement uns helfen, unterstützen Sie unmittelbar Kindern mit Sorgen und Problemen. Gemeinsam soll es uns gelingen, Kindern ein Lächeln ins Gesicht zu zaubern und deren Seele zu erwärmen.

In unserem Kinderhilfswerk **ICH - Inter-NATIONAL CHILDREN Help e.V.** arbeiten über 300 ehrenamtliche Helferinnen und Helfer. Deren Lohn ist einzig und allein das Lächeln der Kinder. Sie möchten mehr über unsere Arbeit wissen? Das ist ganz einfach. Schauen Sie einmal unter **www.int-children-help.de** und Sie können alles über uns und unsere Arbeit erfahren. Wenn Sie spenden möchten, so ist dies möglich. zum Beispiel über eine Spendino-SMS. Eine SMS beschert uns 5€. **Auch direkt per Überweisung auf unser offizielles Spendenkonto bei der Sparkasse Schaumburg, PayPal, oder Sofortüberweisung können Sie spenden. Spendenquittungen werden auf Wunsch ausgestellt. Bis 200,- € je Einzelspende gilt für das Finanzamt auch der Überweisungsbeleg als Nachweis (vereinfachtes Verfahren).** Sofern Sie laufend über unsere Arbeit informiert werden wollen, so schreiben Sie uns eine kurze E-Mail an **newsletter@int-children-help.de** mit dem Betreff „Newsletteranmeldung" und wir nehmen Sie in unseren Newsletterverteiler auf. Natürlich erfolgt eine Abmeldung in der gleichen einfachen Art und Weise.

An dieser Stelle möchte ich unserem Botschafter „Olga Orange" / Thomas Rau, der sich seit Jahren für Kinder in Not einsetzt, für sein Engagement danken. Auch all Ihnen, die Sie uns ebenfalls helfen, gebührt dieser Dank.

Herzlichst

Dr. e.h. Dieter F. Kindermann

- Präsident -

Senden Sie eine SMS mit Stichwort
ICH an **81190**
und unterstützen uns mit
5,00 €

Betrag je SMS zzgl. Transport. Der Betrag von € 5 abzüglich17 Cent geht direkt an unser Kinderhilfswerk. Wir danken Spendino für die Bereitstellung dieses Services.

Sie wollen spenden?
Sparkasse Schaumburg
IBAN: DE39 2555 1480 0470 0519 88
SWIFT-BIC: NOLADE21SHG
Stichwort: OLGA ORANGE

Alle Spendenmöglichkeiten unter:
int-children-help.de/helfen/geldspenden/

Mitglied der:

Initiative Transparente Zivilgesellschaft

GRÜN spendino

REMA TEC

REMA TEC

Die Südliche

Kinderhilfswerk
ICH - Inter-NATIONAL CHILDREN Help e.V.
Thomas Rau
Botschafter
KINDERHILFSWERK
ICH
Inter-NATIONAL CHILDREN Help

Vorspeisen

Vorspeisen sind für Olga ganz wichtig, denn sie sollen gut schmecken und Appetit auf die Hauptspeise machen.

Ich habe euch ein paar tolle Vorspeisen herausgesucht, die ihr auf jeden Fall nachkochen und probieren solltet.

Also jetzt „ran an die Lebensmittel"!
Los geht's, viel Spaß und guten Hunger.

Rote Beete Salat

ZUBEREITUNG

Die gekochte und geschälte rote Beete in Würfel schneiden und in eine Schüssel geben.

Zitrone auspressen, den Saft und Olivenöl über den Rote-Bete-Salat träufeln.

Sesam in einer kleinen Pfanne ohne Fett anrösten bis er leicht gebräunt ist.

Salat mit Salz und Pfeffer abschmecken. Schafskäse und Basilikum klein schneiden und über den Salat geben.

Dazu Ofenkartoffel oder Fladenbrot servieren.

ZEIT

45 Minuten

ZUTATEN (für 4 Personen)

- 500 g Rote Beete (geschält, gekocht)
- 150g Schafskäse
- 50 gr Sesam
- 4 EL Olivenöl
- 1 Zitrone
- Basilikum
- Salz, Pfeffer

Thomas Horn (Malerbetrieb)
Buchwaldstrasse 23
60285 Frankfurt
Tel. 069496396
www.malerbetrieb-horn.de

HIGH QUALITY - MADE IN GERMANY

PROTEIN 96 ist ein 4-Komponenten-Protein der neuesten Generation. Durch die verschiedenen Proteinkomponenten (Milchprotein, Molkenprotein-Isolat, Molkenprotein-Konzentrat und Eiprotein) erreicht PROTEIN 96 eine hohe biologische Wertigkeit von über 136. Der Proteingehalt von PROTEIN 96 liegt bei durchschnittlich 96 % i. Tr. Durch den hohen Proteinanteil trägt PROTEIN 96 zum Erhalt von Muskelmasse bei und ist das ideale Protein für Diätphasen. PROTEIN 96 schmeckt hervorragend mit Milch und auch mit Wasser - da es auf Wasserbasis entwickelt wurde – und lässt sich leicht (ohne Mixer) zubereiten.

VANILLE

SCHOKO

ERDBEERE

NEUTRAL

NÄHRWERTE (Vanille):	100 g	pro Portion*
Energie	1592 kJ	478 kJ
	381 kcal	114 kcal
Fett	1,2 g	0,4 g
davon gesättigte Fettsäuren	0,8 g	0,2 g
Kohlenhydrate	1,7 g	0,5 g
davon Zucker	0,8 g	0,2 g
Ballaststoffe	0,0 g	0,0 g
Eiweiß	90,9 g	27,3 g
Salz	0,28 g	0,08 g

MINERALSTOFFE:

Calcium	1037 mg (130%**)	311 mg (39 %**)
Phosphor	613 mg (88 %**)	184 mg (26 %**)
Kalium	304 mg (15 %**)	91 mg (5 %**)

* 30 g in 300 ml Wasser
** NRV = % der Nährstoffbezugswerte

Weltweit höchste Proteinkonzentration von bis zu 100 % Protein i. Tr.
Durch den Einsatz hochwertigster Proteinrohstoffe konnte der Proteinanteil von PROTEIN 96 deutlich erhöht werden und erreicht im Durchschnitt 96 % Protein i. Tr. Bei Geschmack Neutral liegt der Proteinanteil sogar bei nahezu 100 % i. Tr. – ohne jegliche Farbstoffe, ohne Süßungsmittel oder sonstige Zusätze. Durch die optimale Abstimmung der Proteinkomponenten erreicht PROTEIN 96 eine bisher unerreichte Qualität. PROTEIN 96 trägt aufgrund des hohen Proteinanteils zum Erhalt von Muskelmasse bei (antikatabole Wirkung) und wird aufgrund seines extrem niedrigen Kohlenhydratanteils gerne in einer kohlenhydratarmen Ernährung verwendet.

STRACCIATELLA

COOKIES & CREAM

LEMON

COCOS

BANANE

PFIRSICH-APRIKOSE

FREY Nutrition® | Eggertstr. 8 | 33100 Paderborn
www.freynutrition.de | Tel.: 05251 / 5 46 47 - 70

Schwedische Kartoffeln
mit Kräuterquark

ZUBEREITUNG

Den Ofen auf 200 °C vorheizen.

Die Kartoffeln unter fließendem Wasser gründlich säubern und mit einem Tuch trocken reiben. Nun die Knollen in kurzen Abständen mehrfach quer einschneiden, jedoch nicht durchschneiden.

Anschließend die Kartoffeln mit Rapsöl einpinseln, dabei die Innenseiten nicht vergessen. Danach salzen, pfeffern und auf einem mit Backpapier ausgelegten Blech ca. 30 Min. in den Ofen geben.

Wenn die Kartoffeln weich sind, aus dem Ofen nehmen und mit frischer, feingehackter Petersilie bestreuen. In der Zwischenzeit Crème Fraîche, Quark und die feingehackten Kräuter in einer Schüssel verrühren und mit Salz, Pfeffer und etwas Zitronensaft abschmecken.

Dazu passt auch gebeizter Lachs.

ZEIT

45 Minuten

ZUTATEN (für 4 Personen)

- 8 – 12 Kartoffeln, mittelgroß, länglich
- Rapsöl
- Meersalz aus der Mühle
- schwarzer Pfeffer aus der Mühle
- Schnittlauch zum bestreuen

Für den Kräuterquark:

- 200 g Crème Fraîche
- 200 g Speisequark
- Schnittlauch
- Petersilie
- Dill
- 1 Zitrone, Saft

Patrick Himmel
Schlagersänger
Telefon 01575 0490822

www.patrickhimmel.de
www.facebook.com/Patrickhimmelmusik
booking@patrickhimmel.de

und Wintergärten in Kunststoff und Aluminium

Avocado Sandwich

ZUBEREITUNG

Eier kochen und in feine Würfel schneiden.
Zwiebeln, Paprika und waschen und in feine Würfel schneiden. Mit griechischem Joghurt vermischen und mit Salz und Pfeffer würzen.

Avocados halbieren, entkernen und Fruchtfleisch herauslöffeln. In einer zweiten Schüssel Avocados mit einer Gabel gut zerdrücken und mit Limettensaft, Salz und Pfeffer würzen. Gemüse mit Avocadopaste vermengen. Fein geschnittenen Schnittlauch dazu geben.

Salatblätter auf Schwarzbrot verteilen, darauf Avocadopaste geben. Mit zweitem Salatblatt und Schwarzbrot bedecken.

ZEIT

15 Minuten

ZUTATEN (für 4 Personen)

- 8 Scheiben Vollkornbrot/Schwarzbrot
- 2 Eier
- 1 Zwiebel
- 1/2 grüne Paprika
- Schnittlauch
- 180 g griechischer Joghurt
- 3 Avocados
- 1 Limette (ausgepresster Saft)
- 8 Salatblätter
- Salz, Pfeffer

Roland Frischkorn
Sportkreis Frankfurt e.V.
Wächtersbacher Str. 80
60386 Frankfurt am Main
Tel. +49 (0) 69 - 94 14 71 11

SPORTKREIS FRANKFURT

www.sportkreis-frankfurt.de

ERLEBE SPORT IN FRANKFURT

Rote Minestrone

ZUBEREITUNG

1. Pancetta, Zwiebeln und Knoblauch fein würfeln. Bohnen putzen und halbieren. Das ganze Suppengrün putzen, in Stücke schneiden. Tomaten vom Stielansatz befreien und in grobe Stücke schneiden.

2. Öl in einem Topf erhitzen und den Pancetta 3-4 Min. knusprig braten. Zwiebeln und Knoblauch zugeben, 2 Min. mitbraten. Tomatenmark und 1 Prise Zucker einrühren und kurz mitdünsten.

3. Brühe zugießen und aufkochen. Das ganze Gemüse zugeben und zugedeckt bei mittlerer Hitze 8-10 Minuten garen. Dann die Nudeln dazu geben und weitere 8 Minuten köcheln lassen.

4. Minestrone mit Salz und Pfeffer würzen und mit Parmesan bestreut servieren.

ZEIT

45 Minuten

ZUTATEN (für 3 Personen)

- 100 g Pancetta (oder durchwachsener Speck)
- 2 Zwiebeln
- 1 Bund Suppengrün (Karotte, Sellerie, Lauch)
- 1 Knoblauchzehe
- 150 g grüne Bohnen
- 300 g Tomaten
- 2 El Olivenöl
- 1 El Tomatenmark
- Zucker
- 600 ml Geflügelbrühe
- 100 g Suppennudeln
- Salz
- Pfeffer
- 3 El geraspelter Parmesan

Olga Orange
Comedy und Unterhaltung

Tel: 0172/7785363
olgaorange@web.de
www.Olgaorange.de

Champignon-Creme-Suppe

ZUBEREITUNG

Die geputzten Champignons möglichst klein schneiden, mit Zitronensaft beträufeln, geriebene Zwiebel dazu und in Butter etwa 10 Minuten dünsten, mit Mehl überstäuben und leicht durchschwitzen lassen.
Mit Wein ablöschen, die Brühe nachgießen, gut durchkochen lassen und vom Herd nehmen.

Die Sahne mit dem Ei gut verquirlen und dazugeben, nur erwärmen, nicht aufkochen lassen und dabei mit einem Schneebesen rühren.

Die gekochten Eier sehr fein würfeln und mit reichlich gehackter Petersilie verfeinern, nochmals mit Salz, Pfeffer und Worcestersoße abschmecken

ZEIT

20 Minuten

ZUTATEN (für 4 Personen)

- 500 g Champignons, frische
- 3 EL Butter
- 1 1/2 EL Mehl
- 1 Zitrone
- 1 Zwiebel, fein gerieben
- 100 ml Weißwein, trocken
- 800 ml Rinderbrühe oder Gemüsebrühe
- 125 ml Sahne
- 1 Ei
- 2 Eier, hartgekocht
- Salz und Pfeffer
- Worcestersauce
- Petersilie

Patrick Himmel
Schlagersänger
Telefon 01575 0490822

www.patrickhimmel.de
www.facebook.com/Patrickhimmelmusik
booking@patrickhimmel.de

Linsensalat mit Kürbiskernöl

ZUBEREITUNG

Die Linsen in Wasser einweichen und ein paar Stunden stehen lassen. Anschließend die Linsen mit dem Wasser in einem Kochtopf aufsetzen und weich kochen. Das Wasser soll die Linsen dabei gut bedecken. Die gekochten Linsen abseihen und mit kaltem Wasser abschwemmen.

Die noch warmen Linsen mit Salz und Essig marinieren und abkühlen lassen. Die Jungzwiebeln in feine Ringe schneiden, Paprika und Zwiebel klein würfelig schneiden. Die Salatgurke schälen, Kerne entfernen und feine Würfel schneiden. Das ganze Gemüse über die ausgekühlten Linsen geben und mit Kürbiskernöl anmachen.

Den Linsensalat zum Schluss mit Pfeffer und Salz abschmecken.

ZEIT

30 Minuten (reine Zubereitung)

ZUTATEN (für 4 Personen)

- 250 g Champagner-Linsen
- 1 Paprika, rot
- ½ Salatgurke
- ½ Bund Jungzwiebel
- 1 Zwiebel, blau
- Apfelessig
- Kürbiskernöl
- Salz, Pfeffer

Peter Dippel (Rema-Tec GmbH)
Zum Heckgraben 10
76646 Bruchsal-Büchenau
Tel. 07257/9299-0
www.rema-tec.de

REMA TEC®
www.rema-tec.de

Rucola-Spargel-Erdbeer-Salat mit Hähnchen

ZUBEREITUNG

Die Gemüsebrühe mit Orangensaft und Essig vermischen, alles aufkochen lassen, mit Zucker, Salz und Pfeffer abschmecken und erkalten lassen.

Den Spargel schälen, in 2mm dünne, schräge Scheiben schneiden und 3 – 4 Stunden in der Marinade ziehen lassen. Die Erdbeeren putzen und vierteln.

Das Fleisch klein schneiden, in der Pfanne anbraten und mit Salz und Pfeffer abschmecken.

Den Rucola gewaschen und getrocknet in eine Flache Schale geben und mit Spargel und Erdbeeren belegen.

Die Marinade mit dem Öl aufschlagen und das Dressing über den Salat träufeln.

ZEIT

30 Minuten plus 3–4 Std. Ziehzeit

ZUTATEN (für 4 Personen)

- 500g Spargel
- 200g Erdbeeren
- 1 Pck. Rucola
- 2 EL Balsamico, weiß
- 2 EL Orangensaft
- 6 EL Olivenöl
- 2TL Zucker
- Salz und Pfeffer
- 50 ml Gemüsebrühe
- 500g Hähnchenfleisch

Hassia Mineralquellen GmbH & Co. KG
Jürgen Niedenthal
Gießener Straße 18-30
61118 Bad Vilbel
Telefon +49 172 6993215

Antipasti Salat

ZUBEREITUNG

Tomatenviertel und Oliven in eine große Schüssel geben. Die getrockneten Tomaten abtropfen lassen.

Die Garnelen in etwas Knoblauch und Olivenöl anbraten.

Getrocknete Tomaten und Parmaschinken in feine Streifen schneiden.

Alles ebenfalls in die Schüssel geben. Rucola zugeben und gut vermengen.

Die Zutaten für das Dressing in ein Schraubglas füllen und kräftig schütteln. Über den Salat gießen und gut vermengen.

Den Salat mit Basilikumblättern und gehobeltem Parmesan garnieren. Anschließend mit frischem Baguette servieren.

ZEIT

45 Minuten

ZUTATEN (für 2 Personen)

- 4 kleine Tomaten, geviertelt
- 25 g entsteinte schwarze Oliven
- 180 g Garnelen
- 25 g getrocknete Tomaten in Öl
- 40 g Parmaschinken
- 1 Handvoll Rucola, plus ein paar Basilikumblätter zum Garnieren
- frisches Baguette zum Servieren
- Parmesan gehobelt

DRESSING

- 3 EL Olivenöl
- 1 EL Weißweinessig
- 1 Knoblauchzehe, zerdrückt 1/2 TL milder Senf
- 1 TL Honig
- Salz und Pfeffer

Hauptspeisen

So ihr Leut!
Jetzt kommen wir zu etwas ganz Wichtigem.
Wir kommen zu den Hauptgängen.
Mit den Hauptgängen steht und fällt der ganze Abend und das, was vielleicht hinterher auch noch passieren könnte. Also wer den Hauptgang versaut, versaut sich auch den ganzen Abend.

Ich habe für euch ein paar richtig schöne Hauptgänge herausgesucht. Da kann nichts mehr passieren und es klappt auch mit den Nachbarn. Ich schlage vor, ihr kocht einfach alles einmal nach und berichtet mir hinterher, wie es euch geschmeckt hat.
So, jetzt „Ran an die Töpfe und Schüsseln"

Guten Appetit!
Eure Olga

Carbonarasalat

Zutaten für 4 Personen

750 g Spaghetti

Salz und grober schwarzer Pfeffer

2-3 EL Olivenöl

4 Eier

200 g geräucherter durchwachsener Speck

100 g Parmesan (Stück)

250 g Salatcreme

200 g Schmand

2 Knoblauchzehen

2 Bund Rucola Küchenpapier

1. Spaghetti einmal durchbrechen und in reichlich kochendem Salzwasser ca. 8-10 Minuten bissfest garen. Abgießen, abschrecken und mit dem Öl mischen. Eier ca. 10 Minuten hart kochen. Dann kalt abschrecken, schälen und auskühlen lassen.

2. Speck in kurze Streifen schneiden. In einer Pfanne ohne Fett knusprig braten. Herausnehmen und auf Küchenpapier abtropfen lassen.

3. Parmesan reiben. Salatcreme, Schmand und 2/3 des Parmesans verrühren. Knoblauch schälen und direkt in die Salatsoße drücken. Mit Salz und Pfeffer abschmecken.

4. Knoblauchcreme mit Spaghetti und Speck mischen. Ca. 30 Minuten ziehen lassen.

5. Rucola putzen, waschen, trocken schütteln und in mundgerechte Stücke schneiden. Eier hacken. Rucola und Eier unter den Salat heben. Salat nochmals abschmecken. Anrichten und mit dem übrigen Parmesan bestreuen.

ca. 40 Minuten + Wartezeit
Portion ca. 520 kcal • Eiweiß 19 g• Fett 21 g• Kohlenhydrate 60 g

REMA TEC

LECZO
polnische Spezialität

Zutaten für 2 Personen

- 6 kleine Zucchini (ca. 1 kg)
- 1 rote Paprika
- 1 gelbe Paprika
- 4 Tomaten
- 3-4 grobe Würstchen (Rohesser)
- 1 Zwiebel
- 1 Esslöffel Tomatenmark
- Olivenöl
- Salz
- Pfeffer
- Paprikagewürz (süß oder scharf)

1. Zunächst Zucchini, rote und gelbe Paprika, Tomaten, Zwiebel und Würstchen in grobe Stücke schneiden.

2. Nun nehmen Sie einen großen Topf (weitere Töpfe oder Pfannen werden nicht benötigt, alles wird in einem Topf gegart).

3. Herd auf Stufe 7 von 9 einschalten, Topf erwärmen, Olivenöl hinzugeben und die geschnittenen Zwiebeln mit den ebenfalls geschnittenen Würstchen für ca. 3 Minuten scharf anbraten.

4. Jetzt kommen alle restlichen Zutaten und das Tomatenmark in den Topf. Etwas Salz, Pfeffer und Paprikagewürz hinzugeben.

5. Ca. 20 Minuten bei gleicher Temperatur kochen lassen, hin und wieder umrühren

6. Mit Salz, Pfeffer und Paprikagewürz nach Belieben abschmecken.

Rema-Tec GmbH – Kasia Leszkiewicz
Zum Heckgraben 10
76646 Bruchsal-Büchnau
Tel.: 07257 9299-0
www.rema-tec.de

Servier-Tipp: Servieren Sie das Gericht mit Brot oder Baguette.

Infos und Bilder zu Gerdas kleiner Weltbühne:

www.Gerdas.de

Travestie-Show-Theater
Gerdas kleine Weltbühne

einzigartig - originell - gastfreundlich - professionell - nachhaltig - amüsant - liebevoll

Die Macher der kleinen Weltbühne stellen sich vor:

Gerhard Stein, gelernter Bäcker und schon sehr jung selbstständiger Gastronom, hatte 1974 die übermütige Idee, Travestie in seiner Kneipe in Mühlheim am Main zu präsentieren. Für die Kneipengäste Kult und Kunst, für den Rest der Bevölkerung Sünde und Frevel.
Doch instinktiver Geschäftssinn, Beharrlichkeit und Liebe zum Theater siegten gegen die abgeneigte Haltung der braven Bürger. Und der wachsende Erfolg der Travestiekneipe Gerdas kleine Weltbühne ließ den Bürgern keine andere Wahl, als sich mit den Herr-lichen Damen zu arrangieren. Spätestens nachdem die kleine Weltbühne 1983 vom hessischen Rundfunk als außergewöhnliches Kulturtempelchen gelobt wurde, änderte sich die Haltung der Bevölkerung. Doch es sollte 30 erfolgreiche Jahre dauern, bis die Stadt ihre Haltung der kleinen Weltbühne gegenüber mit dem Paul-Hindemith-Kulturpreis manifestierte. Gerhard Stein alias Gerda Ballon ist heute einer der populärsten Mühlheimer Bürger auch wegen seiner sozialen Einstellung und Taten.

Jürgen Peusch schnupperte nach dem Abitur zum ersten Mal Theaterluft als Bühnentechniker am Giessener Stadttheater. Der Zufall führte ihn nach Mühlheim, wo er als Künstler-Kellner „Jutta P.“ in Gerdas kleiner Weltbühne hängen blieb. Intuitiv wusste er, dass er mit Gerhard Stein gemeinsam viel leisten und erreichen würde. Die Spaßkneipe wurde in seinen Händen immer mehr zum Kleintheater und sein künstlerisches und technisches Talent reicht aus, um alle Belange eines modernen, multimedialen Theaters mit seiner Person abzudecken. Die Kombination Stein-Peusch, die beiden sind seit 2007 auch offiziell verpartnert, steht für eine Erfolgsstory, die zu den Anfängen von Gerdas kleiner Weltbühne keiner auch nur geahnt hätte. 2014 feiert das Travestietheater 40. Geburtstag und ist immer noch nicht müde. „Wir sind jetzt in dem Alter, wo man zurückgibt. Mit unserem sozialen Engagement und unseren Aktivitäten als „Rosa Wölkchen“ , nutzen wir unsere Popularität, unseren Mitmenschen, egal wie veranlagt, Toleranz und Lebensfreude zu vermitteln, sozialen Missständen entgegen-zuarbeiten und die klassische Travestie mit seinen literarischen Vorlagen zu erhalten .“

SchlossHOTELGedern ★★★★

Hotel · Restaurant · Café · Kochschule

Feste feiern wie die Fürsten

Für Ihre Familienfeiern, wie Hochzeiten, Geburtstage, Jubiläen, Familientreffen, Konfirmationen, Kommunionen, Hochzeitstage und vieles mehr stehen Ihnen stilvolle Räumlichkeiten von 5-110 Personen, zahlreiche Menü- und Buffetvorschläge, fürstliche Dekorationen sowie das innovative und hoch qualifizierte Küchen- und Serviceteam zur Verfügung.

Räume für alle Gelegenheiten, Schlemmen mit Genuss und vor Ort übernachten. Auf Wunsch mit einem Rahmenprogramm nach Absprache. Hier sind Sie gold richtig – zentral in Deutschlands Mitte!

Übrigens: Kochen, Grillen & Barbecue in der Erlebnis-Kochschule, Seminarräume mit Tagunstechnik und Catering im Umkreis von 150 km sind weitere Vorteile unseres Hauses.

SchultzKOCHAtelier
Kochschule · Barbequeschule

SchlossHOTELGedern ★★★★
Hotel · Restaurant · Café · Kochschule

SchultzSCHLEMMERService
Esskultur außer Haus

Schlossberg 5 · 63688 Gedern · Tel. (0 60 45) 96 15-0 · info@schlosshotel-gedern.de

www.schlosshotel-gedern.de

Gänsebrust & Keule (für 16 Personen)

mit Orangen-Thymiansauce, Kartoffelstampf mit Rosenkohl und Rote Bete Chips

Empfohlen vom Küchenmeister & Eurotoques Chef **Hubertus Schultz**

8	Gänsebrüste
8	Gänse Keulen
2-3 kg	Gänse-Karkassen, Abschnitte, Gänseklein (Ca. 1 Liter kräftigen Fond herstellen)
3	Zwiebeln in Würfel geschnitten
2	Äpfel in Würfel geschnitten
200g	Sellerie in Würfel schneiden
2	Orangen
2 Eßl	Zucker
1 Tl	Tomatenmark
16	mittelgroße Kartoffeln
150g	Butter
2,5 kg	Rosenkohl geputzt
150g	Zwiebeln in feine Würfel geschnitten
100g	gewürfelten Speck
	Rote Bete Chips zu Garnitur
300 ml	weißer Portwein
	Salz, Pfeffer, Beifuß, Muskat, Thymian, Rosmarin, Knoblauch, 2 Pimentkörner

Slow Food®

1. Platz Deutsche Küche kreativ – Gastronomiepreis Hessen

1. Platz Geheimtipp: RM geht aus – Journal Frankfurt

1. Platz Hochzeitslocation – Gastronomiepreis Hessen

1. Platz Kochschule – Gastronomiepreis Hessen

Und so wird's gemacht:

Gänsebrust und Keule von der Karkasse ablösen, mit Beifuß, Salz, Pfeffer und etwas Thymian würzen, anschließend auf ein Backblech legen und mit Geflügelfond untergießen. Zwiebel- und Apfelwürfel sowie etwas Weißwein hinzugeben und bei 130°C für 2,5 Stunden im Ofen garen. Orangen auspressen und von einer ½ Orange die Zeste (feine Orangensteifen oder Abrieb der Orange ohne das Weiße!) bereitstellen. Den Zucker in einem Topf karamellisieren lassen und mit Orangensaft, Portwein und dem Fond ablöschen. Orangenzesten und Gewürze hinzufügen und alles mindestens um die Hälfte einkochen lassen, bis es sirupartig wird. Mit Salz und Pfeffer würzen.
Kartoffeln in Salzwasser kochen, anschließend durchdrücken und mit Salz, Pfeffer, Muskat und Butter würzen. Den Rosenkohl blanchieren und vierteln. Speck und Zwiebeln in einer Pfanne anschwitzen. Nun den Rosenkohl mit dem Speck und den Zwiebeln sowie den Kartoffeln zusammen rühren und in eine Ringform füllen. Auf einen Teller setzen und mit Rote Bete Chips garnieren.
Die Gänsebrüste mit Salz und Pfeffer würzen und für ca. 12-15 Min. in der Pfanne bei mittlerer Hitze vorerst nur auf der Hautseite anbraten! Umdrehen und auf der Fleischseite ca. 30 Sek. braten. Danach dekorativ mit der abgeschmeckten Sauce das Fleisch anrichten. **Wir wünschen guten Appetit!**

Rumpsteak mit Rotweinbutter, Seementaler Kartoffeln und Blattspinat

(für 8 Personen)

Lieblingsrezept von Olaf - der Flipper

von Küchenmeister Hubertus Schultz,
www.schlosshotel-gedern.de

8	Rumpsteaks à 220g
16	nicht so große Kartoffeln, gekocht
400g	Schmand
80g	gebratene Speckwürfel
80g	gebratene Zwiebelwürfelchen
80g	geriebener Parmesankäse
5g	geschnittener Schnittlauch
600g	Blattspinat
80g	Zwiebelwürfelchen
150g	Sahne
400g	Butter
100g	fein geschnittene Schalotten
Je 2g	Rosmarin, Thymian und Majoran
1	Knoblauchzehe
0,2 l	Merlot oder Spätburgunder
	Salz, Pfeffer, Muskat, Knoblauch, Chili (Piment de Espilette)

Und so wird's gemacht:
Rumpsteaks auf ein Backblech legen und bei 80°C im Backofen für 45 Min. garen. Danach mit Salz und Pfeffer würzen, anschließen in einer heißen Pfanne kurz anbraten.

Für die Rotweinbutter Schalotten in Öl leicht anschwitzen und mit Rotwein ablöschen. Den Rotwein fast einkochen lassen, danach die fein gehackten Kräuter und den Knoblauch mit der Butter hinzufügen. Mit Salz, Pfeffer und Chili würzen. Die weiche Rotweinbutter in eine schmale Form geben und kühlen lassen.

Für die Seementaler Kartoffeln Speck und Zwiebeln zu dem Schmand geben. Mit Salz, Pfeffer und Knoblauch würzen, zum Schluss den Schnittlauch hinzugeben. Die Masse auf die Kartoffelhälften geben und mit geriebenem Parmesan bedecken. Die Kartoffeln bei 180°C ca. 10-12 Min. backen.

Für den Spinat Zwiebelchen in Öl anschwitzen und mit Sahne ablöschen. Danach den rohen Spinat hinzufügen und in der Sahne kochen lassen. Mit Salz, Pfeffer, Muskat und Knoblauch würzen.

Wir wünschen guten Appetit!

Hefeklöß mit Äppelwoi-Soß

Für den Hefeteig:
500 g Mehl
1 Würfel Hefe
¼ l Milch
1 Ei
100 g Zucker
½ Teelöffel Salz
100 g Margarine
1 – 2 Esslöffel Öl

Für die Äppelwoi-Soß:
750 ml Äppelwoi
250 ml Wasser
100 g Zucker
1 Vanillezucker
1 Esslöffel Speisestärke

Herstellung der Klöße:

Einen Hefeteig mit den genannten Zutaten herstellen und etwa 1,5 cm dick ausrollen. Mit einem Äppelwoiglas runde Scheiben für die Hefeklöß ausstechen. Auf ein bemehltes Blech legen und 30 Minuten gehen lassen. Großen Topf mit Wasser füllen und Wasser zum kochen bringen. Handtuch drüber legen, Hefeklöß auf das Tuch legen und mit großem Deckel abdecken (Siehe Bild). 10-15 Minuten dampfen und somit aufgehen lassen.

Herstellung der Soße:

Alles in einem Topf aufkochen. Vom Herd nehmen und leicht abkühlen lassen.
2 Eiweiß zu Schnee schlagen und mit einem Schneebesen unterheben.

Für die Hefeklöß mit Äppelwoi-Soß nach einem überlieferten Rezept von unserem Oma Käthchen wünschen wir einen Guten Appetit!!!

Schweinekrustenbraten
mit Apfel-Portwein-Soße (8 Portionen)

150 g Zwiebeln
1,6 kg Schweinefleisch mit Schwarte
(z.B. aus der Keule/Schinken)
Salz, frisch gemahlener Pfeffer
1 Zimtstange
400 ml Fleischbrühe
400 g Äpfel
50 g getrocknete Pflaumen
100 ml roter Portwein
2 EL Soßenbinder

1. Zwiebeln abziehen, achteln. Die Schwarte vom Schweinebraten mit einem scharfen Messer einschneiden. Den Braten mit Salz und Pfeffer einreiben, in einen Bräter legen. Zwiebeln und Zimtstange um das Fleisch legen. Im vorgeheizten Backofen ca. 60 Minuten Braten (E-Herd: 180 °C, Gas: Stufe 2, Umluft: 160 °C). Mit der Brühe nach und nach begießen.

2. Äpfel heiß waschen, halbieren, Kerngehäuse entfernen, die Äpfel in Spalten schneiden. Mit Plaumen und Portwein zum Braten geben. Weitere 60 Minuten braten. Danach Braten und Apfelmischung herausnehmen und warm stellen.

3. Den Bratenfond durch ein Sieb in einen Topf gießen. Soßenbinder einrühren und aufkochen. Zimtstange entfernen. Apfelmischung wieder in die Soße geben.

Den Braten mit der Soße anrichten.

Elsa Meffert
"Oma Himmel"

64546 Mörfelden-Walldorf

Gefüllte Paprika mit Hack und Reis

für 4 Portionen

2 rote und gelbe Paprikaschoten
1 Zwiebel
150 g Langkornreis
Salz
1/2 Bund Lauchzwiebeln
Petersilie
1 EL Öl
400 g gemischtes Hackfleisch
Pfeffer
400 ml Gemüsebrühe
3 EL Tomatenmark

1. Paprikaschoten waschen, jeweils das obere Viertel abschneiden. Deckel und Schoten putzen. Deckel in kleine Würfel schneiden. Zwiebeln schälen und fein würfeln. Reis in kochendem Salzwasser nach Packungsanweisung zubereiten. Lauchzwiebeln waschen, putzen und in Scheiben schneiden.

2. Öl in einer Pfanne erhitzen. Hack darin ca. 5 Minuten anbraten. Nach ca. 4 Minuten Paprika- und Zwiebelwürfel zugeben. 200 ml Brühe, Tomatenmark und Lauchzwiebelringe einrühren und nochmals 2–3 Minuten köcheln lassen. Mit Salz und Pfeffer würzen.

3. Den gekochten Reis zu der Hackmasse geben. Locker unterheben und die Hack-Reismasse in die Paprikaschoten füllen. Paprikaschoten in eine ofenfeste Form stellen und 150–200 ml Brühe angießen. Schoten auf unterer Schiene im vorgeheizten Backofen (E-Herd: 200 °C/ Umluft: 175 °C/ Gas: Stufe 3) ca. 30 Minuten backen. Falls die Oberfläche zu dunkel wird, Oberfläche mit einem 2. Blech oder Alufolie bedecken

4. Schoten herausnehmen und mit Petersilie bestreuen und heiß servieren.

Bernd Reisig
www.berndreisig.de

Gebratene Forelle

Für 2 Portionen

- *2 Forellen*
- *1 Pk. 8-Kräutermischung (TK)*
- *3 Knoblauchzehen*
- *1 Zitrone*
- *1EL Olivenöl*
- *etwas Pflanzencreme zum Braten*
- *Salz*
- *Pfeffer*
- *Mehl*

1. Forelle waschen, trocken tupfen, salzen und pfeffern. Sowohl von außen als auch im Bauchraum. Dann das Olivenöl mit den Kräutern mischen. Innen und außen einreiben. Anschließend ein paar Spritzer Zitrone über die Forellen geben. Forellen in Mehl wenden.

2. Die Pflanzencreme in der Pfanne zerlassen. Die Knoblauchzehen quer halbieren und zur zerlassenen Pflanzencreme geben. Forellen in das heiße Fett legen und von beiden Seiten goldbraun braten. Die Bratzeit richtet sich je nach Größe der Forelle, aber das Fleisch sollte noch leicht glasig sein.

3. Nach dem Braten die Forelle vorsichtig aus der Pfanne nehmen und auf Tellern anrichten.

Servier-Tipp: *Dazu schmecken Petersilienkartoffeln oder auch ein Kartoffelsalat.*

Spinatknödel
mit brauner Butter

200 g Knödelbrot
200 ml Milch
1/2 Packung (225 g) tiefgefrorener Blattspinat
1 mittelgroße Zwiebel
1 Knoblauchzehe
1/2 Bund Petersilie
100 g Butter
100 g Bergkäse
2 Eier (Größe M)
4-5 EL Mehl
Salz
schwarzer Pfeffer
geriebene Muskatnuss

Das Knödelbrot in eine große Schüssel geben, Milch lauwarm erwärmen und über das Brot gießen. 30 Minuten ziehen lassen. Spinat und 75 ml Wasser in einen Topf geben.
Zugedeckt ca. 8 Minuten garen, dabei ab und zu umrühren. Abkühlen lassen.

Zwiebel und Knoblauch schälen, in feine Würfel schneiden. Petersilie waschen, trocken tupfen, etwas zum Garnieren beiseite legen. Rest fein hacken. 25 g Butter schmelzen, Zwiebel und Knoblauch darin andünsten, gehackte Petersilie zugeben, untermischen und abkühlen lassen.
Käse entrinden. Die Hälfte in kleine Würfel schneiden. Rest fein reiben, beiseite stellen. Spinat gut ausdrücken, grob hacken. Spinat, Zwiebelmischung, Käsewürfel, Eier und Mehl zum Brot geben. Mit Salz, Pfeffer und Muskat würzen, alles gut miteinander verkneten. Wenn die Masse zu feucht ist, noch etwas Mehl unterkneten.

Aus der Masse 8 Spinatknödel formen, in reichlich siedendem Salzwasser 10-12 Minuten garen. Mit einem Schaumlöffel herausheben und abtropfen lassen.
75 g Butter in einer Pfanne braten bis sie braun ist. Heiße Butter über die Spinatknödel gießen und mit Käse bestreuen, mit Petersilie garnieren und sofort servieren.

Patrick Himmel
Schlagersänger
Tel.:01575 0490822

www.patrickhimmel.de
www.facebook.com/Patrickhimmelmusik
booking@patrickhimmel.de

Taunus Textilpflege
Gepflegtes Aussehen jeden Tag!

Selbstgemachtes Eiweiß-Brot

300 Gramm Haferflocken
100 Gramm Fettarmer Hüttenkäse
1 Voll Ei
1 Eiklar
40 Gramm Geschmacksneutrales Proteinpulver von Frey Nutrition
Brotgewürz nach Wahl

Die Haferflocken im Mixer zerkleinern und in eine Schüssel geben.
Hüttenkäse und Eier hinzugeben und das ganze mit dem Schneebesen ordentlich verrühren.
Danach das Eiweißpulver hinzufügen und erneut alles vermengen.
Bei Bedarf etwas Mineralwasser beimischen und gut rühren, damit keine Klumpen übrig bleiben. Im Anschluss nach Gusto mit Brotgewürz würzen.

Die Masse nun in eine Brotform geben und für 45 Minuten bei 180 Grad in den Ofen. Das Brot danach im Ofen auskühlen lassen und schon ist es verzehrfertig.

Servier-Tipp: *Vor dem Essen die Scheiben kurz im Toaster antoasten. Danach mit Feldsalat, Avocado und Spiegelei garnieren.*

Patrick Himmel
Schlagersänger
Tel.: 01575 0490822
www.patrickhimmel.de
www.facebook.com/Patrickhimmelmusik
booking@patrickhimmel.de

Szegediner Gulasch

Für 4 Portionen

1 große Zwiebel (ca. 300 g)
2 gelbe Paprikaschoten
1 Dose Sauerkraut, (580 ml Füllmenge)
800 g gemischtes Gulasch, (Rind und Schwein)
Salz
2 Tl edelsüßes Paprikapulver
2 Tl scharfes Paprikapulver
2 Tl gemahlener Kümmel
Pfeffer
2 Tl getrockneter Oregano
150 ml Schlagsahne
250 ml Gemüsebrühe
2 Tl Tomatenmark
5 El gehackte Petersilie

1. Zwiebel fein würfeln. Paprika putzen und in feine Würfel schneiden. Sauerkraut abgießen und gut mit Wasser abspülen. Alles mit dem Fleisch in einer großen Schüssel mischen. Mit 2 Tl Salz, je 1 Tl edelsüßem und scharfem Paprikapulver, 1 Tl Kümmel, Pfeffer und Oregano mischen. In einen Bräter (ca. 30 cm Ø) geben. Den Ofen auf 190 Grad vorheizen (Umluft nicht empfehlenswert).

2. Sahne, Brühe und Tomatenmark aufkochen. Mit Salz und Pfeffer würzen. Über die Gulaschmischung geben. Zugedeckt im heißen Ofen auf der untersten Schiene 2 Std. garen. Dabei ab und zu umrühren und die letzten 30 min. offen garen. Gulasch evtl. mit Salz, Pfeffer, Paprikapulver und Kümmel nachwürzen. Mit Petersilie bestreut servieren.

Servier-Tipp: *Dazu passen Salzkartoffeln.*

Lachsstrudel mit Spinat

1 Pkg. Fertigblätterteig
300 g Blattspinat
500 g Lachs
200 g Feta
1 Knoblauchzehen
1 Ei
1 Bund Petersilie
Muskat
Salz
Pfeffer
Milch

Blattspinat in einem Sieb waschen, abtropfen lassen. Knoblauch pressen und gut mit dem Spinat vermengen.

Blätterteig auf einem Backblech auswalken, Spinat gleichmäßig verteilen. Feta in Würfel schneiden und über den Spinat streuen. Mit Muskat, Pfeffer und Salz würzen. Den Lachs salzen und auf Spinat legen.

Blätterteig aufrollen bzw. einklappen und an den Enden festdrücken. Mit verquirltem Ei bestreichen. Im aufgeheizten Backofen ca. 30-40 Minuten bei ca. 180 °C backen.

Den Lachsstrudel portionieren.

Olga Orange
Comedy und Unterhaltung

Tel: 0172/7785363
olgaorange@web.de
www.Olgaorange.de

Servier-Tipp: Mit grünem Blattsalat servieren.

Coq au Vin
Für 4 Portionen

100 g Schalotten	*200 g kleine Champignons*
1 Poularde (ca. 1,5 kg)	*2 Lorbeerblätter*
Salz	*1 El gehackter Thymian*
Pfeffer	*2-3 El Mehl*
100 g Karotten	*1 Rotwein (750 ml)*
30 g Butterschmalz	*2-3 Tl Zucker*
50 g Schinkenwürfel	*1 Bund Petersilie*

Mariniertes Fleisch, Zwiebeln und Marinierflüssigkeit durch ein Sieb trennen und beiseite stellen. Das Fleisch scharf anbraten, den Bratensaft auffangen. Schmalz dazu, dann das Fleisch mit Mehl bestäuben und anrösten. Letzteres hat zwei Effekte: Das am Fleisch haftende Mehl sorgt für eine schöne Kruste. Das Mehl, das die Flüssigkeit aufnimmt, macht diese schön sämig.

Schließlich kommen Karotten, Bratensaft und Marinade dazu. Die Geflügelteile schmoren darin eineinhalb Stunden. Kurz vor Ende der Garzeit Speck und Pilze hineingeben.

Dazu passen Kartoffelknödel oder einfach nur Weißbrot.

Servier-Tipp: *Der Coq au Vin schmeckt perfekt, wenn man das Geflügel am Vortag in Zwiebeln, Kräutern und Wein mariniert.*

Alex Parker
Entertainer
www.alexparker.de

Pfifferling Spaghetti
Für 4 Portionen

1 EL Butter
1 Knoblauchzehe
1 Zwiebel in feine Würfel geschnitten
400 g Pfifferlinge
1/2 Glas trockener Weißwein
Salz, Pfeffer
4 EL glatte Petersilie
4 Eigelb
80 ml süße Sahne
600 g Spaghetti

Die Butter in einer großen Pfanne erhitzen, den Knoblauch und die Zwiebel anschwitzen, die Pfifferlinge zugeben und dünsten. Mit Weißwein ablöschen und abgedeckt etwa weitere 3 Minuten dünsten, die Petersilie unterheben und kräftig mit Salz und Pfeffer abschmecken.
Die Pfanne vom Herd nehmen und die Spaghetti al dente kochen. Die Spaghetti abtropfen lassen und sofort zurück in den Topf geben, die Sahne und Eigelb verquirlen und zur heißen Pasta geben. Nun die Pfifferlinge unterheben, auf Teller verteilen und frisch geriebenen Parmesan dazu servieren.

Patrick Himmel
Schlagersänger
Tel.: 01575 0490822

www.patrickhimmel.de
www.facebook.com/Patrickhimmelmusik
booking@patrickhimmel.de

> Essen soll zuerst unser Auge erfreuen und dann den Magen.
>
> *Johann Wolfgang von Goethe*

PAELLA
mit Meeresfrüchten

8 Stk. Miesmuscheln frisch	*2 Tasse Hummerfond*
1 Stk. Langusten Schwanz	*1 Msp Safran Pulver*
12 Stk. Gambas	*1 Stk. Chilischote*
1 Stk. Calamari	*Deko: 1 Msp Koriander frisch*
1 Stk. Zwiebel	*1 Stk. Zitrone*
1 Schuss Weißwein	*1 Msp Chilifäden*
1 Schuss Olivenöl	*4 Stk. Radieschen*
1 Tasse Paella-Reis	

1 Für die Paella die Miesmuscheln mit der abgezogenen, halbierten Zwiebel andünsten und mit 1 Schuss Weiswein ablöschen. 5 Minuten köcheln und beiseite stellen. Die anderen Meeresfrüchte zerteilen und in Olivenöl scharf anbraten, bis das glasige Langustenfleisch fest geworden ist. Ebenfalls mit Weißwein ablöschen, aus dem Sud nehmen und beiseite stellen.

2 Den Paella-Reis in den Meeresfrüchtesud geben und ca. 2 EL Olivenöl dazugeben. Wenn der Reis die Flüssigkeit aufgesogen hat, mit 1 Tasse Hummerfond ablöschen und immer schön rühren. Nach und nach restlichen Hummerfond zugießen. Den Safran zugeben. Mit Salz und Pfeffer abschmecken. Die Chilischote entkernen, klein hacken und unter den Reis mischen.

3 Zum Schluss alle Meeresfrüchte mit in den Reisgeben und ca. 2 Minuten ruhen lassen

4 Anrichten: Anschließend auf den Tellern anrichten. Zitrone vierteln und je ein Stück auf den Teller legen. Den Koriander darüber streuen und die Radieschen dazureichen.

Jürgen Drews
Schlagersänger
juergen-drews.de

Kontakt
CG-Eventmanagement
Postfach 08
34514 Vöhl

Tel. 05635 993301
christine.gaydos@t-online.de

Kartoffel Hackfleisch Auflauf

Für 4 Portionen

600 g Kartoffeln
3 – 4 Tomaten
2 Stangen Lauch
300 g Rinderhackfleisch
1 TL Senf
1 EL Tomatenmark
2 Zwiebeln fein gehackt
2 Knoblauchzehen
1 EL Butterschmalz
1 TL Rosmarin
1 TL Majoran
1 TL Thymian
Salz
Pfeffer frisch gemahlen
250 g Gruyère-Käse gerieben, oder eine andere Sorte

1. Zwiebeln in Butterschmalz anbraten, Knoblauch dazu pressen und das Hackfleisch unter Rühren anbraten, Senf, Tomatenmark, Salz, Pfeffer und Kräuter unterrühren.

2. Kartoffeln in der Schale gegart, gepellt und in Scheiben geschnitten. Lauch und Tomaten in Scheiben schneiden.
In eine gefettete Auflaufform Kartoffeln, Lauch und Hack im Wechsel schichten, Jede Kartoffelschicht salzen, pfeffern und mit Käse bestreuen. Die Tomaten zum Schluss Schichten und mit Käse bestreuen.

3. Im vorgeheizten Backofen (180°) in ca. 45 Min. überbacken

Peter Dippel
Rema-Tec GmbH
Zum Heckgraben 10
76646 Bruchsal-Büchenau
Tel. 07257/9299-0
www.rema-tec.de

REMA TEC®
www.rema-tec.de

Pasta
mit Rucola, Tomaten und Parmesan

500g Penne (oder Pasta nach Wunsch)
100g Butter
200g Rucola, grobgehackt
3 Tomaten, feingehackt
50g geriebener Pecorino od. Parmesan

Ein schnelles, sehr leckeres Pasta-Gericht, damit noch Zeit für andere Dinge bleibt!

Penne al dente kochen, abtropfen lassen und wieder zurück in den Topf.
Bei Niedrighitze Butter zugeben und unterziehen, bis sie geschmolzen ist und die Pasta gleichmäßig bedeckt.

Rucolablätter und Tomaten an die Pasta geben. Gut mischen, bis der Rucola etwas zusammenfällt. Käse unterrühren und mit Salz und Pfeffer abschmecken

Guten Appetit

Klassische Paella

Für 4 Personen

6 Hähnchenkeulen
Salz
Pfeffer
2 EL Öl
1 mittelgroße Zwiebel
2 Knoblauchzehen
150 g gefrorene Erbsen
200 g Langkornreis
1 Tütchen Safran (0,1g)
½l klare Hühnerbouillon (Instant)
¼l trockener Weißwein
2 Lorbeerblätter
1 rote Paprikaschote
300 g Miesmuscheln
12 (ca. 240 g) gegarte Garnelen ohne Schale

Hähnchenkeulen waschen und trocken tupfen. Mit Salz und Pfeffer kräftig würzen. Öl in einer Paellapfanne erhitzen und die Keulen 5 Minuten anbraten. Fleisch beiseite legen. Zwiebel und Knoblauch schälen, in feine Würfel schneiden und im Bratfett anbraten.

Reis und Safran dazugeben, kurz mitbraten und mit Hühnersuppe und Wein ablöschen. Hähnchenkeulen und Lorbeer zufügen und unter Rühren ca. 12 Minuten garen. Paprika waschen, vierteln und in Streifen schneiden.

Muscheln verlesen und gründlich schrubben. Paprika und Muscheln in die Pfanne geben und zugedeckt weitere 10 Minuten kochen. Nach 5 Minuten Erbsen und Garnelen zufügen. Mit Salz und Pfeffer würzen und servieren.

Humor ist keine Gabe des Geistes, Humor ist eine Gabe des Herzens.
Ludwig Börne
Wir unterstützen seit Jahren Projekte zugunsten des **Kinderhilfswerkes**. Einfach, weil es wichtig ist.
æ kappa services
...gemeinsam erfolgreich!

SECTOR
BÄR
Cellagon
AL-KO

Cellagon

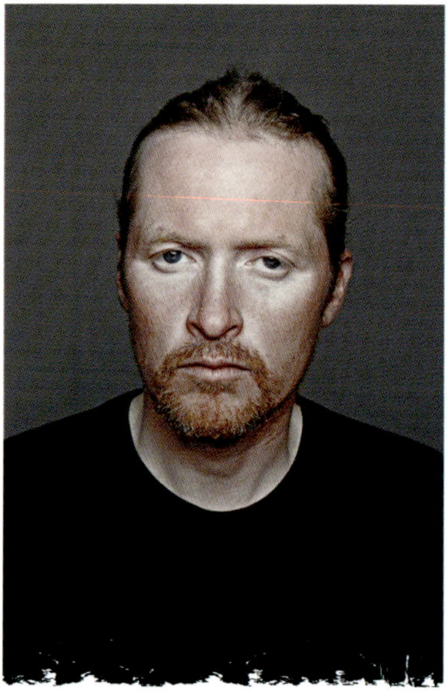

UJA

victory
Cellagon

SchlossHOTELGedern ★★★★
Hotel · Restaurant · Café · Kochschule

Joey Kelly's Lieblingsrezept
von Küchenmeister Hubertus Schultz,
www.schlosshotel-gedern.de

Zitronengras Tagliatelle mit rasa gebratener Entenbrust

glacierte Mispeln, Tomaten-Kokossauce Gemüsestroh und Koriander (für 16 Personen)

300g	Pastamehl (de Cecco Pastamehl)
4	Eier
1-2 Tl	Zitronengras
	Salz, ggf. etwas Wasser
200g	fein gewürfelte Zwiebeln
800 ml	gutes Tomatenpüree
800 ml	Kokosmilch – ungesüßt!
30g	fein geriebener od. fein gewürfelter Ingwer
2-3 Eßl	Korianderkraut
16 halbe	Mispelfrüchte, in feine Streifen geschnitten
2	Knoblauchzehen
1-2 Tl	Sambal Olek
je 300g	in feine Steifen geschnittenes Wurzelgemüse (Karotten, Lauch, Sellerie)
1,6 kg	Entenbrust

Slow Food

Und so wird's gemacht:

Die Pasta: Pastamehl mit Eigelb und Eiern sowie dem Salz und dem Zitronengras zu einem geschmeidigen Teig verarbeiten und ggf. etwas Wasser hinzufügen (sollte sich wie ein feuchtes Handtuchleder anfühlen) – die Zutaten sollten Raumtemperatur aufweisen. In Klarsichtfolie einschlagen und ca. 30 Min. ruhen lassen. Danach den Teig nicht all zu dick ausrollen und in ca. 0,5 cm. dicke Streifen schneiden. Die Pasta in gesalzenem Wasser für ca. 1-2 Min. köcheln lassen, danach abschütten und mit der Sauce vermischen. Das in Butter angeschwitzte Gemüse mit einem Zweig Koriander und der rosa gebratenen Entenbrust auf einen vorgewärmten Teller dekorativ anrichten.

3 Eßl. Zucker in einer Pfanne leicht karamellisieren lassen, mit 100 ml Weißwein ablöschen, 20g Butter hinzufügen und die Mispeln darin schwenken, anschließend auf den Tellern verteilen.

Die Sauce: Zwiebelwürfelchen mit Öl in einem Topf glasig dünsten, mit Tomatenpüree und Kokosmilch ablöschen, bzw. auffüllen und etwas einkochen lassen. 10 Min. Vor Kochende fein geschnittenen Knoblauch sowie Ingwer hinzufügen. Die Sauce mit Sambal Olek, Salz und ggf. Pfeffer abschmecken. Kurz vor dem Servieren das Korianderkraut hinzufügen.

Wir wünschen guten Appetit!

Erbseneintopf
mit Würstchen

300g grüne Erbsen
50g gewürfelter Speck
1 Zwiebel
2 Kartoffeln
1 Stange Lauch
1 Bund Suppengrün (Karotte, Sellerie, Lauch)
1 Liter Gemüsebrühe
2 Lorbeerblätter
1 EL Wacholderbeeren
2 EL Essig
2 EL Butter
4 Wiener Würstchen (alternativ Debreziner)
Petersilie
Salz, Pfeffer und Zucker

1. Gemüse putzen bzw. schälen. Den Sellerie fein hacken. Kartoffeln und Karotten in kleine Stücke schneiden. Lauch in Ringe schneiden. Zwiebel fein hacken und in einem großen Topf mit der Butter glasig dünsten. Den Speck mit anbraten und dann mit Gemüsebrühe aufgießen.
2. Die Erbsen, das andere Gemüse, Lorbeerblätter und Wacholderbeeren mit in den Topf geben, und bei mittlerer Hitze ca. 45 Minuten garen.
3. Am Ende mit etwas Essig und einer Prise Zucker abschmecken. Mit Salz und Pfeffer würzen. Die Würstchen in große Stücke schneiden und im Eintopf mit warm werden lassen.
4. Die Wacholderbeeren und die Lorbeerblätter aussortieren.

Peter Dippel
Rema-Tec GmbH
Zum Heckgraben 10
76646 Bruchsal-Büchenau
Tel. 07257/9299-0
www.rema-tec.de

Ein gu
WAS
FRAN
SEIT 1870
BINDING
DAS FRANKFURTER ORIGINAL
Römer Pils
SEIT 1870
BINDING
DAS FRANKFURTER ORIGINAL
Export
GOLDENER PREIS 2016
DLG
PRÄMIERT

Ungarisches Gulasch
mit Semmelklößen

1 EL Sanella
1,5 Pfund Gulasch
3 Zwiebeln (Menge nach Belieben)
Wasser
Pfeffer
Gulaschgewürz
Knoblauchsalz
Paprika
Gemüsebrühe (1Würfel)
1 EL Tomatenmark
EL Speisestärke
Rotwein
Semmelklöße

1 EL Sanella heiß werden lassen und 1,5 Pfund Gulasch darin anbraten. 3 Zwiebeln (Menge nach Belieben) vierteln und hinzugeben. Mit Wasser auffüllen, so dass das Fleisch bedeckt ist. Mit Salz, Pfeffer, Gulaschgewürz, Knoblauchsalz, Paprika und einem Würfel für Gemüsebrühe würfeln.

Nach ca. 30 Minuten 1 Esslöffel Tomatenmark hinzugeben. Nach insgesamt ca. 2 Stunden mit 1 Esslöffel Speisestärke und einem Schluck Wasser andicken (in einem Mixbecher vorher vermischen). Eventuell mit Rotwein verfeinern.
Semmelklöße nach Packungsbeilage zubereiten.

G. G. Anderson
Produzent und Schlagersänger
www.g-g-anderson.de

Kontakt
CG-Eventmanagement
Postfach 08
34514 Vöhl
Tel. 05635 993301
christine.gaydos@t-online.de

Kohlrouladen

1 Wirsing oder Weißkohl)	***500 ml Brühe***
500 g Hackfleisch, gemischt	***200 ml Sahne***
Paprikapulver, scharf Majoran	***Salz und Pfeffer***
100 g Speck, gewürfelt	***1 EL Senf, evtl. mehr***

Acht schöne Blätter vom Kohl ablösen und blanchieren. In Eiswasser abschrecken und mit einem Küchentuch etwas trocknen.

Den Hackfleischteig wie folgt zubereiten: hinein gehört ein Ei, ein eingeweichtes und ausgedrücktes Brötchen, 1-2 EL Senf, eine fein gewürfelte Zwiebel, ordentlich Salz, Pfeffer und scharfes Paprikapulver. Zum Schluss nach Belieben noch getrockneten Majoran hineinstreuen. Das Ganze vermengen. Kleine Häufchen auf die ausgelegten Kohlblätter verteilen, zusammenrollen und mit einem Küchengarn zusammenbinden. Die Kohlrouladen in einer hohen Pfanne anbraten, sodass sie Farbe bekommen. Dabei auch einige Speckwürfel mit auslassen. Haben die Kohlrouladen etwas Farbe angenommen, das Ganze mit gekörnter Brühe aufgießen. Zugedeckt eine halbe Stunde schmoren lassen. Zum Schluss die Rouladen herausnehmen und die Flüssigkeit mit Sahne aufgießen, etwas einkochen lassen oder evtl. leicht abbinden. Das Ganze mit wenig Salz und Pfeffer abschmecken und die Soße zu den Kohlrouladen servieren.

Arbeitszeit: *50 Minuten*
Schwierigkeitsgrad: *normal*
Kalorien p. P.: *keine Angabe*

Peter Dippel
Rema-Tec GmbH
Zum Heckgraben 10
76646 Bruchsal-Büchenau
Tel. 07257/9299-0
www.rema-tec.de

REMA TEC®
www.rema-tec.de

RIES FRANKFURT-MAIN
Eigene Herstellung
MANDELN—POPCORN
Es liegt was in der Luft, ein süßer Mandelduft
Popcorn
Magenbrot
Frisch geröstetes POPCORN
Frisch gebrannte MANDELN
Alpenkräuter MAGENBROT

MAREDO
Ries

Thailändischer Nudelsalat
Zutaten für ca. 5 Portionen

ca. 150g Glasnudeln
1 Zwiebel in Streifen schneiden
2 Zweige Strauchsellerie klein schneiden
2 Tomaten achteln
3 Chillies klein schneiden (je nach gewünschter Schärfe +/-)
2 Limetten
ca. 350g (1/2 Ring) Fleischwurst (Lyoner), in kleine Stücke schneiden
150g Schweinehack
Thai-Chilliesoße
Thai-Fischsoße
Salz
Zucker

Die Glasnudeln brechen(damit sie nicht so lange sind, lassen sich dann besser umrühren) und in heißem Wasser 3-4 Minuten kochen.

Das Hackfleisch etwas salzen und anbraten, ein bisschen Wasser dazu und köcheln bis alles durchgegart ist.

Die abgetropften Nudeln in eine Schüssel geben, das Hackfleisch mit Brühe und die Wurst dazu geben und mit 2 Esslöffel Chilliesoße und 2 Esslöffel Zucker gut durchrühren.

1 1/2 Esslöffel Fischsoße und den Saft von den Limetten nach und nach zugeben und abschmecken je nachdem wie säuerlich man es haben möchte.

Die Zwiebel dazu geben und nochmal mischen.

Jetzt noch die Chillies, Sellerie und die Tomaten unterrühren, fertig.

Servier-Tipp: *Der Nudelsalat wird noch warm serviert, kann aber auch kalt gegessen werden.*

Wachs Futterkrippe
Ingrid und Stefan Wach GbR
Sangenweg 6
64589 Stockstadt

Imbiss
Grill-Imbiss
Fischbrötchen
Currywurst

Hartmann & Hartmann OHG
Allianz Generalvertretung
Fachagentur Firmen
Goldgrubenstrasse 25
63303 Dreieich
Telefon: +49 6103 807240
Fax +49 6103 8072429
Mobil: +49 172 6839911
Mobil: +49 172 3864658
Whatsapp: +49 152 04971503
Mail info.hartmann@allianz.de
Homepage: https://vertretung.allianz.de/willi.hartmann
Facebook: www.facebook.com/allianz.hartmann.dreieich

Desserts

So Freunde!

Jetzt kommen wir zur meiner Lieblingskategorie:
Desserts und Kuchen. Was wäre denn das Essen ohne einen schönen Nachtisch? Hier sind so viele, tolle Nachtische und Kuchen aufgeführt, dass man gar nicht weiß, wo man zuerst anfangen soll. Ich weiß das schon, ich fange jetzt auf der ersten Seite an und nasche mich bis zur letzten Seite durch. Dies müsst ihr mir natürlich nicht gleich nachmachen.
Ihr könnt jeden Tag mal was anderes probieren.

Kann denn Süßes Sünde sein? Ja, kann es, wenn es so lecker ist wie hier!

Eure Olga wünscht euch viel Spaß beim Naschen.

Mispel-Schmand-Törtchen mit Sauerrahm und süßer Kresse

Eine Hommage an unser schönes Hessen

Zutaten

Biskuit

- 5 Eier
- 240g Zucker
- 180g Mehl
- 1 Päckchen Vanillezucker

Schmandmasse

- 400g Quark, 150g Zucker
- 3 Eigelb, 150ml Öl
- 400g Schmand
- 100g Mispelmarmelade
- 125ml Milch
- 1 Pck Vanillepudding Pulver

Mispelgelee

- 200g Mispelmarmelade
- 300ml Apfelsaft
- 14g Gelatine

Zubereitung

1. Eier, Zucker und Vanillezucker mit einem Handrührgerät bei höchster Geschwindigkeit ca. 10 Minuten rühren, die Masse muss sich danach verdreifacht haben. Danach das Mehl mit dem Schneebesen leicht unterheben. Den Teig in eine gut gefettete 28er Springform füllen.

2. Quark, Zucker, 3 Eigelb, Schmand, Öl, Milch und Vanillepuddingpulver gut verrühren. 1/3 der Masse aufheben und mit der Mispelmarmelade vermischen. Die Schmandmasse auf dem Biskuitteig verteilen. Anschließend die Mispelmasse punktuell einspritzen. Alles 45 Minuten bei 175 Grad backen.

3. Gelatine kurz in kaltem Wasser einweichen. In der Zwischenzeit die Mispelmarmelade und den Apfelsaft mit einem Küchenmixer gut durch mixen. Danach einen Teil der gemixten Masse erwärmen und die gut ausgedrückte Gelatine darin auflösen. Dann nach und nach die Masse miteinander mischen. Das Gelee ganz zum Schluss auf den fertigen Kuchen geben und in den Kühlschrank stellen.

Hans Erhart

Erhart KG
Hanauer Landstrasse 208-216
60314 Frankfurt
069 4308870 | www.gc-gruppe.de

Mandelgrieß & Haselnussgrieß

- 150g Mandeln mit Schale
- 150g Haselnüsse
- 1 Prise Vanillezucker

Mispelschaum

- 300g Mispelmarmelade
- 200ml Apfelsaft
- 9 g Gelatine

Zitronenmelissepesto

- 50g Haselnüsse gehackt
- 60g Zitronenmelisse
- 40g Zitrusöl
- 8g Zucker

Deko

- Schokodekor
- Süße Kresse

(4) Mandeln grob mixen.
Haselnüsse und Vanillezucker grob mixen.

(5) Galatine kurz in kaltem Wasser einweichen. Die Marmelade mit dem Apfelsaft mischen und wie zuvorbeim Gelee erklärt mit der Gelatine mischen. Anschließend, alles solange in einer Küchenmaschine aufschlagen, bis es fest wird. Die Masse in einen Spritzbeutel abfüllen und kühl stellen.

(6) Alle Zutaten in einem Mixer miteinander vermischen.

(7) Den fertigen Kuchen mit Mispelschaum, Zitronenmelissepesto, Mandelgrieß und Haselnussgrieß anrichten.

Punsch

Aprikosenkuchen

Für 4–6 Personen

ca. 30 Minuten

leicht

266 kcal/Stück

Zutaten

- 1 Dose Aprikosen halbiert
- 125 g Margarine oder Butter
- 125 g Zucker
- 1 Pack Vanillinzucker
- 1 Prise Salz
- ½ Fläschchen Zitronenaroma
- 3 Eier, Größe M
- 200 g Weizenmehl
- 2 gestrichene TL Backpulver
- 1-2 Esslöffel Milch

Zubereitung

1. Zum Vorbereiten heizen Sie den Backofen bei Ober- und Unterhitze vor. Fetten Sie den Boden der Springform.

2. Für den Teig weiche Margarine oder Butter in einer Rührschüssel mit einem Handrührgerät geschmeidig rühren. Nach und nach Zucker, Vanillinzucker, Salz und Zitronenaroma unter Rühren hinzufügen, bis eine gebundene Masse entsteht.

3. Jedes Ei etwa ½ Minute auf höchster Stufe unterrühren. Mehl mit Backpulver mischen, sieben und abwechselnd mit der Milch in zwei Portionen kurz auf mittlerer Stufe unterrühren. Den Teig in die vorbereitete Springform füllen und glatt streichen. Die Aprikosenhälften kranzförmig auf den Teig legen. Die Form auf den Rost in den Backofen schieben.

4. Ober/ Unterhitze : etwa 180 Grad vorgeheizt, Heißluft: etwa 160 Grad , nicht vorgeheizt, Gas: Stufe 2-3, nicht vorgeheizt, Backzeit: etwa 45 min.

Obst- und Gartenbauverein Roßdorf 1910 e.V.

Pfingstweidstrasse
63486 Bruchköbel

Der Rolladen- und Markisenfachmann in Bad Vilbel
PETER STRAUB
Meisterbetrieb
Rolladen • Sonnenschutz
ROLLADEN
JALOUSIEN
MARKISEN
ELEKTRO-ANTRIEBE
PETER STRAUB
Angebote kostenlos und unverbindlich
Kostengünstiger Reparatur-Schnelldienst.
Wir bieten Ihnen:
Beratung-Verkauf-Montage und Service bei
Rollos
Rolladen
Markisen
Jalousien
Lamellen
Faltstores
Fliegengitter
Sonnenschutz
Markisentücher
Elektroantriebe
Garagen-Rolltore
Einbruchschutz
Wintergartenbeschattung
Ruhiger schlafen!
Automatische Haustechnik-systeme schützen vor Einbruch
Ausstellung und Verkauf:
Kasseler Straße 14 - 16
61118 Bad Vilbel
Tel. 06101 - 12 75 75
Fax 06101 - 12 75 76
Öffnungszeiten
Mo. - Sa.: 09:00 - 12:30 Uhr
Mo. - Do.: 15:00 - 18:00 Uhr
io-Homecontrol
Jetzt macht Ihr Haus was Sie wollen
markilux
somfy
VELUX
KADECO
INSEKTEN SCHUTZ Systeme
RS FACHBETRIEB
www.Peter-Straub-online.de

Quarkstollen

Für 4 Personen

45 Minuten

mittel

366 kcal/100g

Zutaten

Vorbereitung

- 1 Päckchen Zitronat (klein gemahlen)
- 1 Päckchen Orangat (klein gemahlen)
- ½ Fl. Bittermandel/ ½ Fl.Zitrone
- 250 g Rosinen
- 125 g gehackte Mandeln
- 2 EL- Rum

Teigzubereitung

- 500g Mehl
- 200 g Zucker
- 1P. Vanillezucker
- 1P. Backpulver
- ½ Messerspitze Zimt
- 2 Eier
- 175 g Butter
- 250 g Quark

Peter Straub
Rolladen und Sonnenschutz
Kasseler Strasse 14-16
61118 Bad Vilbel Tel: 06101 127575
www.peter-straub-online.de

Zubereitung

1. Die Zutaten der Vorbereitung alle zusammenüber Nacht einweichen.

2. Alle Zutaten zu einem Teig kneten. Stollen formen und bei 150-170 Grad goldbraun backen. Noch warmen Stollen mit Butter einstreichen und mit Puderzucker bestreuen.

Viel Spaß beim Backen.

Holunderblüten Panna-Cotta mit Himbeeren

Für 4 Personen

45 Minuten

mittel

146 kcal/pro Portion

Zutaten

- 3 Blätter weiße Gelatine
- 400 ml Schlagsahne
- 5 El Holunderblütensirup
- 150 g TK-Himbeeren
- 6 TL Puderzucker

Zubereitung

1. 3 Blatt weiße Gelatine in kaltem Wasser einweichen. Schlagsahne bei mittlerer Hitze aufkochen, dann von der Kochstelle nehmen. Holunderblütensirup unterrühren. Gelatine ausdrücken und tropfnass unter die heiße Sahne rühren.

2. Sahnemischung in 4 Gläser verteilen, abkühlen lassen und mind. 6 Std. in den Kühlschrank stellen.

3. Aufgetaute TK-Himbeeren und Puderzucker mit einer Gabel mischen, dabei die Beeren leicht zerdrücken. Die Beerensoße über die Panna Cotta geben und kalt servieren.

Dieter Kindermann
ICH – InterNational-Children-Help e.V
Martin Luther-Str. 6 | Vornhägerstr. 36/38
31655 Stadthagen
Tel.: 05721 9374280 | info@int-children-help.de
www.int-children-help.de

ist Vertrauenssache!

Der Verkauf von Wertgegenständen wie Gold oder Schmuck erfreut sich immer grösserer Beliebtheit. Warum soll man Schmuck, den man nicht mehr trägt aufbewahren, wenn man diesen gegen sofortige Bezahlung in Euro umwandeln kann. Hierbei ist es nun wichtig einen Experten zu finden der die Schmuckstücke professionell und seriös bewertet. Das garantiert das Team im Goldhaus Obertshausen.

"Unsere langjährige Kompetenz und Seriosität hat sich bewährt"

Jeder Kunde erhält eine persönliche Behandlung seiner Schmuckstücke. Diskretion ist bei uns selbstverständlich.

Auch wer seinen antiken Schmuck oder Erbschmuck nicht mehr trägt bzw. benötigt, sollte sich im Goldhaus Obertshausen ganz unverbindlich ein Angebot unterbreiten lassen.

Der Weg zu uns:

Besuchen Sie uns, Sie werden überrascht sein, welchen Wert ihr Schmuck hat.

Goldhaus Obertshausen

Gold · Juwelen · Uhren · Schmuck · Münzen · Antiquitäten

Heusenstammer Straße 3 • 63179 Obertshausen • www.goldhaus.net

✆ 0 61 04 / 9 53 13 15

Öffnungszeiten:

Montag bis Freitag von 10.00 bis 13.00 Uhr
und 15.00 bis 18.00 Uhr

Samstag von 10.00 bis 13.00 Uhr

Parkplatz im Hof

Apfel Cranberry Crumble

Für 4 Personen

45 Minuten

mittel

keine Angabe

Zutaten

- 75g weiche Butter
- 60g Zucker
- 1 Päckchen Vanille-Zucker
- 130g Mehl
- 800g Äpfel
- 2-3 EL Zitronensaft
- 4EL Aprikosen-Konfitüre
- 100g getrocknete Cranberries
- 400ml+6EL Milch

Zubereitung

1. Butter, 50 g Zucker, Vanille-Zucker und Mehl mit den Knethaken des Handrührgerätes zu Streuseln verkneten und in den Kühlschrank stellen.

2. Äpfel schälen, vierteln, Kerngehäuse entfernen. Viertel in Stücke schneiden und mit Zitronensaft beträufeln. Aprikosen-Konfitüre und Cranberries zu den Äpfeln geben.

3. Förmchen (oben ca. 15 cm, unten ca. 11 cm Ø) ausfetten, Apfelmischung einfüllen. Streusel darüber verteilen. Im vorgeheizten Backofen (E-Herd: 200 °C/ Umluft: 175 °C/ Gas: Stufe 3) backen und nach 25-30 Minuten den Crumble aus dem Ofen nehmen.

   Lauwarm oder kalt mit Vanillesoße oder Vanilleeis anrichten.

Thomas Meyer (Auto-Service-Center ASC GmbH)
Genfer Strasse 6
60437 Frankfurt
Tel: 069/ 5076263
www.asc-frankfurt.de

Heidelbeer-Buttemilch-Muffins

Für 8 Personen

30 Minuten

leicht

275 kcal/Stück

Zutaten

- 250g Heidelbeeren
- 275g Mehl
- 3TL Backpulver
- 1 Ei (Größe M)
- 150g Zucker
- 1 Päckchen Vanille-Zucker
- 120g weiche Butter oder Margarine
- 250ml Buttermilch
- Puderzucker
- 12 Papier-Backförmchen

Zubereitung

1. Mehl und Backpulver mischen. Ei verquirlen. Zucker, Vanille-Zucker, Butter und Buttermilch unterrühren. Mehlmischung unterrühren. Heidelbeeren vorsichtig unterheben.
2. Ein Muffinblech mit 12 Mulden mit je 1 Papier-Backförmchen auslegen. Teig darin verteilen.
3. Im vorgeheizten Backofen (E-Herd: 175 °C/ Umluft: 150 °C/ Gas: Stufe 2) ca. 25 Minuten backen. Muffins ca. 15 Minuten ruhen lassen. Vorsichtig aus dem Blech lösen. Auskühlen lassen. Mit Puderzucker bestäuben.

Olga Orange

Comedy und Unterhaltung
Tel: 0172/7785363
www.Olgaorange.de

Klassischer Brownie

Für 4 Personen

45 Minuten

mittel

466 kcal/100g

Zutaten

- 200 g Butter
- 350 g Zartbitterschokolade
- 4 Eier (Gr. M)
- 250 g brauner Zucker
- Salz
- 200 g Mehl
- 50 g Backkakao
- 1 TL Backpulver

Zubereitung

1. Backofen vorheizen (E-Herd: 175 °C/Umluft: 150 °C/Gas: s. Hersteller). Quadratische Springform (24 x 24 cm; ersatzweise rund, 26 cm Ø) mit Butter einfetten.
2. Für den Teig Schokolade in Stücke brechen und mit der Butter in einem Topf bei schwacher Hitze schmelzen.
3. Eier, Zucker und 1 Prise Salz mit einem Rührgerät 4 Minuten cremig aufschlagen. Schokoladenbutter vom Herd nehmen und sofort in die Eiermasse rühren.
4. Mehl, Kakao und Backpulver mischen. Zügig unter die Schokoladen-Eier-Masse rühren. Teig in die Form geben und glatt streichen.
5. Im heißen Ofen ca. 25 Minuten backen. Der Brownie soll nicht ganz durchgebacken sein. Daher sind bei der Stäbchenprobe auch noch Teigspuren auf dem Holzspieß.
Brownie herausnehmen, auskühlen lassen. Vorsichtig aus der Form lösen und in ca. 4 x 4 cm große Stücke schneiden.

Peter Dippel (Rema-Tec GmbH)
Zum Heckgraben 10
76646 Bruchsal-Büchenau
Tel. 07257/9299-0
www.rema-tec.de

Zwetschgenkuchen mit Streusel

Zutaten

Hefeteig

- 100ml warme Milch
- 20g frische Hefe (halber Würfel)
- 225g Weizenmehl
- 50g Zucker
- 1 Ei
- 50 Gramm Butter
- 1 Prise Salz
- abgeriebene Schale einer Zitrone

Belag

- 1500g Zwetschgen

Streusel

- 100g Butter
- 80g Zucker
- 1 Päckchen Vanillezucker
- 150g Mehl
- ½ TL Zimt

Zubereitung

1. Das Mehl in eine große Backschüssel sieben. In die Mitte eine Mulde drücken und die Hefe zusammen mit etwas Zucker und der lauwarmen Milch zu einem kleinen Vorteig anrühren. Mit einer Prise Mehl bestäuben und zugedeckt ca. 20 Minuten an einem warmen Platz stehen lassen. Danach Salz, weiche Butter, Eier und Zitronenschale zugeben.
   Mit einem elektrischen Handmixer mit den Knethaken, zu einem glatten Hefeteig verarbeiten, bis er sich vom Schüsselrand löst.
   Die Teigschüssel wieder mit einem Tuch abdecken und den Hefeteig etwa 20 Minuten stehen lassen, bis sich das Teigvolumen gut verdoppelt hat und dann in die gefettete Springform (28 cm) geben. Den Rand bis zur Hälfte mit Teig bedecken.

2. Belag: Die Zwetschgen waschen, aufschneiden, entkernen und von außen zur Mitte kreisförmig, stehend auf den Teig verteilen.
   Streusel: Aus Butter, Zucker, Vanillezucker, Zimt und Mehl die Streusel herstellen und auf den Zwetschgen verteilen.

3. Den Ofen auf 180°C vorheizen und ca. 35 Minuten backen. Danach den Kuchen abkühlen lassen und mit Schlagsahne genießen.

Thomas Horn
(Malerbetrieb)

Buchwaldstrasse 23
60285 Frankfurt
Tel. 069496396
www.malerbetrieb-horn.de

Mangosorbet

Für 4 Personen

30 Minuten

leicht

102 kcal/Portion

Zutaten

- 2 reife Mangofrüchte
- Saft einer halben Limette
- 100 Gramm Zucker
- 1 L Wasser

Zubereitung

1. Die Mangofrüchte mit dem Gurkenschäler dünn schälen. Frucht vom Stein entfernen. Mangos im Mixer fein zerkleinern. Den Zucker mit dem Wasser in eine Kasserolle füllen, unter Rühren auf milder Hitze auflösen. Sobald das Wasser einmal aufgekocht hat, den Topf vom Herd nehmen und den Sirup abkühlen lassen.

2. Mangopüree, Limettensaft und Sirup im Mixer mischen. In der Sorbetmaschine oder Eismaschine auf niedrigster Stufe gefrieren lassen. Alternativ die Flüssigkeit in einer Schüssel in das Gefrierfach stellen und jede halbe Stunde einmal durchrühren.

Patrick Himmel
Schlagersänger
Telefon 01575 0490822
www.patrickhimmel.de | www.facebook.com/Patrickhimmelmusik | booking@patrickhimmel.de

Apfel-Flammkuchen

Für 2 Personen

35 Minuten

leicht

138 kcal/100g

Zutaten

Für den Teig

300 g

150 ml

3 EL

1 TL

2 EL- Rum

Für den Belag

250 g Sauerrahm

1 EL Zucker

1 Bourbon-Vanillzucker

1 Apfel mittelgroß

2 EL Zimt-Zucker

2cl Grand Manier

Zubereitung

1. Backrohr samt Backblech mit Umluft auf 250° vorheizen.

2. Alle Zutaten zu einem geschmeidigen Teig verkneten und etwas ruhen lassen. Sauerrahm mit Zucker, Vanillinzucker und Grand Marnier verrühren. Äpfel schälen, in feine Scheiben schneiden und mit Zimt-Zucker vermengen.

3. Teig teilen, sehr dünn ausrollen und auf einen bemehlten Tortenhelfer legen. Mit Sauerrahm bestreichen und gleichmäßig mit den Apfelscheiben belegen.

4. Mit einem Tortenhelfer direkt auf das heiße Backblech geben und 5 - 6 min. kross backen. Mit dem Pizzaroller teilen.

Olga Orange

Comedy und Unterhaltung

Tel: 0172/7785363

www.Olgaorange.de

COMEDY TRIFFT SCHLAGER!

Mit Olga Orange und Patrick Himmel

**Das BUNTE Unterhaltungsprogramm
für Stadtfeste, Firmenfeiern,
Geburtstage und Hochzeiten.**

Olga Orange
Tel: 0172/7785363
olgaorange@web.de
www.Olgaorange.de

REMA TEC®
www.rema-tec.de

Patrick Himmel
Tel: 01575/0490822
booking@patrickhimmel.de
www.patrickhimmel.de

Bembel & Gebabbel

Bernd Reisig talkt mit Freunden.

Alle Sendungen jetzt online auf:

www.berndreisig.de

Philadelphia-Käsetorte

Für 12 Personen

50 Minuten

leicht

232 kcal/100g

Zutaten

Philadelphia-Käsetorte

- 100g Zwiback
- 40g Butter
- 20g Zucker
- 1 TL
- 2 EL- Rum

Füllung

- 500g Doppelrahm-Frischkäse
- (Philadelphia - dürfen auch 600 g sein)
- 110g Zucker
- gestr. TL abgeriebene Zitronenschale
- 1 EL Zitronensaft
- 1/8l Saure Sahne
- 5 Eier

Zubereitung

1. Zwieback fein zerbröseln oder reiben, mit Zucker und Butterflöckchen vermischen und solange zwischen den Handflächen reiben, bis sich die Zutaten locker miteinander verbunden haben. Die Zwiebackmasse mit einem Esslöffel fest in eine gut gefettete Springform drücken, so dass ein glatter, gleichmäßiger Boden entsteht.

2. Frischkäse glattrühren, nach und nach Zucker, Zitronenschale und Zitronensaft, Sahne und Eigelb dazugeben und cremig rühren. Eiweiß steif schlagen, die Creme auf den Eischnee gleiten lassen und mit einem Schneebesen vorsichtig unterziehen. Die Masse auf den Zwiebackboden geben, glattstreichen und 75 Minuten im vorgeheizten Backofen bei 150 Grad backen (in der Ofenmitte), herausnehmen und 10 Minuten abkühlen lassen und aus der Form lösen. Kalt stellen.

Der Kuchen schmeckt kalt am Besten!

Christine Knoche-Gaydos (Künstlermanagerin)
CG-Eventmanagement
Postfach 08
34514 Vöhl
Tel. 05635 993301
christine.gaydos@t-online.de

Chiasamen-Pudding mit Kokosmilch

Für 4 Portionen

10 Minuten

leicht

32 kcal

Zutaten

200 ml Kokosmilch

200 ml Wasser

4 EL Chiasamen

5-6 TL Vanillesirup

Zubereitung

1. Alle Zutaten zusammenmischen und quellen lassen.
2. Nach etwa 20 Minuten einmal umrühren. Danach mit Klarsichtfolie abdecken und mindestens 2 Stunden oder über Nacht im Kühlschrank fest werden lassen.
3. Mit Erdbeeren oder Himbeeren servieren.

WENN AUS PRINT ERFOLGE ENTSTEHEN.

Joghurtbombe

Für 4–6 Personen

30 Minuten

leicht

keine Angabe

Zutaten

- 500g Naturjoghurt
- 120g Zucker
- 1 Pck. Vanillezucker
- 400 ml Sahne
- 250g gemischte Beeren
- (TK oder frisch)

Zubereitung

1. Joghurt, Zucker und Vanillezucker in eine Schüssel geben und miteinander verrühren.

2. Die Sahne steif schlagen und unter die Joghurtmasse heben.

3. Ein Sieb mit einem Geschirrtuch auslegen und auf eine größere Schüssel (dient als Ablauf) stellen. Die Masse in das Sieb füllen und über Nacht kühl stellen.

4. Die Masse vor dem Verzehr aus dem Sieb auf eine Platte stürzen und mit Früchten umlegen, und diese - wenn nötig - leicht mit Zucker nach Bedarf süßen.

Hassia Mineralquellen GmbH & Co. KG
Jürgen Niedenthal
Gießener Straße 18-30
61118 Bad Vilbel
Telefon +49 172 6993215

Hassia
MINERALQUELLEN

Meine Lieblingsrezepte:

Platz für Fotos:

Meine Lieblingsrezepte:

Platz für Fotos:

Meine Lieblingsrezepte:

Platz für Fotos:

„Keine Liebe ist
aufrichtiger als die
Liebe zum Essen."
George Bernard Shaw